AF335754

LE

PAUVRE ARONDEL,

OU

LES TROIS TALISMANS,

VAUDEVILLE-FÉERIE EN DEUX ACTES;

Par MM. F. DE VILLENEUVE et E. ARAGO;

Représenté pour la première fois, à Paris, sur le Théâtre
de la Porte Saint-Martin, le 28 décembre 1827.

PRIX : 1 fr. 50 c.

Paris.

BELOU, LIBRAIRE,

SUCCESSEUR DE M. FAGES,

ÉDITEUR DU THÉATRE DE M. SCRIBE,

AU MAGASIN DE PIÈCES DE THÉATRE, BOULEVARD SAINT-MARTIN,

Nᵒ 29, VIS-A-VIS LA RUE DE LANCRY.

1828.

PERSONNAGES.   **ACTEURS.**

PERSONNAGES.	ACTEURS.
ALMANZOR, Génie protecteur de l'île Amaranthe.	Mlle. CLARA.
LE GOUVERNEUR DE L'ILE.	M. GRANGER.
ISOLINE, fille du Gouverneur.	Mad. STE.-MARIE.
OLIVIER, jeune Page, neveu du Gouverneur.	Mlle. ÉLISA JACOBS.
CROQUENTOUT, Intendant.	M. MOESSARD
RABATJOIE.	M. VISSOT.
ARONDEL, pauvre Paysan.	M. SERRES.
Seigneurs et Souverains des îles voisines.	
Varlets et Piqueurs.	
Danseurs et Danseuses.	
Gardes.	
Paysans, Paysannes.	

La Scène se passe dans l'île Amaranthe.

LE PAUVRE ARONDEL,

OU

LES TROIS TALISMANS,

VAUDEVILLE-FÉERIE EN DEUX ACTES.

Acte Premier.

Le Théâtre représente le carrefour d'une forêt. — Sur le devant de la Scène on voit un arbre touffu, sous lequel est un tertre de gazon. — De l'autre côté, un massif d'arbres formant berceau.

SCÈNE PREMIÈRE.

CROQUENTOUT, RABATJOIE, VARLETS, PIQUEURS.

CHŒUR.

AIR : *Travaillons.* (Du Maçon.)

Dépêchons,
Et tâchons
Qu'à l'instant tout s'apprête.
Dépêchons,
Et tâchons
Que rien ne manque à la fête.
Not' plaisir,
Not' désir,
Not' plaisir,
Est toujours d'obéir.

CROQUENTOUT. *Il est très-gros, et se tient le ventre en marchant.*

Vous l'entendez, varlets et piqueurs..... qu'on me serve ici sur-le-champ un exemplaire du déjeûner que vous comptez offrir à Monseigneur, au rendez-vous de chasse. (*Il donne des ordres, ainsi que Rabatjoie ; et pendant ce qui suit, les piqueurs garnissent une table de divers mets.*) Ah ! ça, maintenant... écoutez-moi, seigneur Rabatjoie.

RABATJOIE, *s'inclinant.*

Je suis tout oreille... seigneur Croquentout.

CROQUENTOUT.

Vous savez quel motif nous amène dans cette forêt ?

RABATJOIE, *s'inclinant toujours.*

Sans doute : il s'agit de chasser ce monstre enchanté qu'un mauvais génie a lancé sur l'île Amaranthe, et qui ravage nos champs et nos habitations.

CROQUENTOUT.

Fort bien ; mais ce que vous ignorez, c'est que cet animal extraordinaire... qui jusqu'à présent a échappé à nos coups, et sur lequel les balles les mieux visées sont restées sans effet... doit succomber aujourd'hui même... Tous les jeunes seigneurs des îles environnantes ont été conviés à cette chasse décisive, et la main de la fille de notre gouverneur, de la belle Isoline, sera le prix accordé au vainqueur.

RABATJOIE.

Je ne comprends pas encore...

CROQUENTOUT.

Chut... cette nuit la bête m'a apparu en songe... je l'ai vue... comme je vous vois... (*Rabatjoie s'incline.*) je l'ai poursuivie... je l'ai visée... et je l'ai manquée...

RABATJOIE.

Eh bien !

CROQUENTOUT.

Eh bien... tous les songes sont mensongers... comme vous le savez ... Or donc, d'après cela, notre bonheur est certain...

RABATJOIE.

Au fait, cela me paraît juste... Cependant je dois vous prévenir que vous avez un rival.

CROQUENTOUT.

Oui, oui... je sais... le petit Olivier, n'est-ce pas ?...

neveu et premier page du gouverneur... un enfant trop
timide d'ailleurs pour s'être déclaré... Allons, allons, tu
veux rire...

RABATJOIE.

Je ne ris jamais, vous le savez...

CROQUENTOUT.

N'importe... rassure-toi... dans peu, j'en suis certain,
je serai l'époux de la belle Isoline, et gouverneur de l'île
Amaranthe... Alors tu deviendras mon premier conseiller...
En attendant, forme-toi à mon image, marche, quand je
me promène... incline-toi, quand je salue... tousse, quand
je suis enrhumé... endors-toi, quand le sommeil me prend...
et tu seras digne, à ce prix, de conserver mon estime et
mon amitié. (*Rabatjoie s'incline.*) Maintenant je vais
prendre place, et avaler provisoirement un exemplaire du
déjeûner de Monseigneur, en ma qualité de son intendant
et de son dégustateur général... Que personne ne m'interrompre pendant mes importantes fonctions.

REPRISE DU CHŒUR.

Dépêchons,
Et tâchons, etc.

(*Il se met à table; Rabatjoie et tous les piqueurs l'entourent et le
servent; Rabatjoie suit tous ses mouvemens.*)

SCENE II.

Les Mêmes, ARONDEL.

ARONDEL.

(*Il est vêtu en paysan. Il porte une gourde, une carnacière et un
violon en sautoir. Il tient son fusil à la main.*)

Jarniquoi ! je ne m'étions point trompé... c'est bien le
son du cor que j'avions entendu... v'là toute la suite de
Monseigneur, qui est rassemblée de ce côté... Ils mangeont,
je crois. Ils font ben...... et ça m'fait penser que
d'puis c'matin que j'tirons sur les perdreaux... j'nons encore
su attrapper que des pommes... Ah ! bah ! quequ'ça fait ...
c'est pas ben nourissant ; mais on en mange le double... et
ça r'vient au même... D'ailleurs... vive la philosophie... je
ne me plaignons pas... Ma petite Nicette pour fiancée...

mon fusil pour vivre... mon violon pour faire danser les autres... une conscience bien nette... Avec ça, quand je regardons auprès de moi... j'en voyons beaucoup qu'en ont pas encore tant à leu service.

ARONDEL.

Air *Nouveau de M. Emile Rouzé.*

Quand j'ons tué lapins ou perdrix,
Avant la fin d' la matinée,
J' pourrions ben rentrer au logis,
Et m' reposer tout' la journée.
Mais je m' dis en pensant soudain,
A ceux que la misèr' dévore.

Allons, mon pauvre Arondel...

Vise, vise, vise, encore,   (*bis.*)
P't'êtr' qu'un malheureux meurt de faim. (*bis.*)

Même Air.

Ben des seigneurs sur leur pal'froi,
Dis'nt qu' mon archet n' fait pas merveilles,
Mais morgué qu'est-qu' ça m' fait à moi,
Si des rich's j'écorch' les oreilles.
Mon crin-crin n'est que pour les pauvres gens,
Au village on l' trouve sonore.

Du courage, mon vieux.

Racle, racle, racle encore,   (*bis.*)
Et n' fais danser qu' les paysans.   (*bis.*)

Allons, allons... en avant la miche et les pommes... J'sentons là qu'aujourd'hui n'y en aura pas d'reste...

(*Il s'assied sur un tertre de gazon, au pied de l'arbre qui est à droite de la scène. Il boit et mange.*)

CROQUENTOUT , toujours à table.

Tout est bien conforme... à mes ordonnances culinaires... et ces mets ne pourront que flatter agréablement le goût et l'odorat de Monseigneur le Gouverneur... Passons maintenant aux vins et liqueurs... que je compte lui offrir.

RABATJOIE.

Holà ! varlets !... versez à boire à votre maitre.

(*Croquentout avale plusieurs verres pleins. Rabatjoie en fait autant. Ici on entend la ritournelle de l'air suivant :*)

SCÈNE III.

Les Mêmes , ALMANZOR *sous la forme d'un petit pâtre couvert de haillons.*

ALMANZOR, *dans la coulisse.*

AIR : *De la petite Mendiante.*

Soyez touchés de ma jeunesse,
Car je suis un pauvre orphelin ;
O vous tous à qui je m'adresse,
Donnez, donnez, car j'ai bien faim !

(*Il entre en scène.*)

Je suis seul , hélas ! sur la terre,
Songez qu'un rien me suffira...
Prenez pitié de ma misère,
Le ciel un jour vous le rendra.

(*Il s'approche de Croquentout, et implore sa pitié.*)

CROQUENTOUT.

Qui ose s'approcher de moi ?

ALMANZOR.

Hélas ! mon doux seigneur , je puis à peine me soutenir...
Depuis deux jours je n'ai rien pris... et je n'ai pas encore
pu obtenir de secours...

CROQUENTOUT.

Eh ! que m'importe. Je te trouve bien hardi de venir
m'interrompre en ce moment...

ALMANZOR.

Mais , seigneur... je meurs de faim...

CROQUENTOUT.

De quoi te plains-tu ?... Tu es bien heureux , et je voudrais bien être à ta place... Allons, retire-toi de ma pré-
sence... Rabatjoie , faites chasser ce petit drôle.

RABATJOIE.

Mais en effet... on n'a jamais vu... une pareille audace...
Piqueurs... emparez-vous de lui.

(*Les piqueurs font un mouvement pour le saisir.*)

ARONDEL *se levant, parlant aux piqueurs.*

Eh ben, morguenne ! qu'est-ce que vous avez donc, vous autres ?... qu'est-ce que vous a fait ce petit gas ?.. c'est-il parce qu'il est malheureux qu'vous voulez l'maltraiter ?... Eh ben, jarniquoi ! c'est ce que j'allons voir. (*Se mettant devant Almanzor.*) Le premier qu'approche aura affaire à moi... (*Prenant son fusil.*) N'avancez pas, je vous le conseille... ou ben ! j'lâche le chien d'abord...

CROQUENTOUT *poussant Rabatjoie devant lui.*

Allons, Messieurs, puisqu'il est armé... de la prudence... Laissons ces deux manans... ils sont dignes l'un de l'autre.

ARONDEL.

C'est ça, filez doux... y a moins de danger, et j'aime autant ça aussi. (*A part, et prenant Almanzor par le bras.*) Eh ! eh !... il est gentil tout d'même, le petit gas... Quand Nicette s'ra ma femme, j'en aurons p't êtr' un comme ça... Viens, nous allons faire la dinette ensemble,

(*Pendant la scène suivante, Arondel a fait asseoir Almanzor auprès de lui. Ils mangent ensemble.*)

SCENE IV.

Les Mêmes, OLIVIER.

OLIVIER *arrivant en courant.*

Me voilà ! me voilà !... Salut à vous, nobles seigneurs...

CROQUENTOUT.

Bonjour, bonjour... Voyons qui vous amène ici, Monsieur le page ?

OLIVIER.

Le plaisir de vous voir, seigneur Croquentout, et de vous annoncer qu'en ce moment le Gouverneur fait son entrée dans la forêt. Je ne savais où vous rencontrer; mais heureusement, au bout de ce chemin, à une lieue d'ici, je vous apercevais déjà.

CROQUENTOUT.

C'est bon, mauvais plaisant... je sais où tendent vos railleries... mais vous aurez beau faire... l'amour secret que vous éprouvez pour la belle Isoline... ne sera jamais payé de retour.

CROQUENTOUT.

AIR : *Et jamais je ne suis légère.*

En dépit de votre tendresse ,
Je veux que tout se termine à mon gré ;
Et j'en suis sûr , auprès de la princesse .
Malgré vous je triompherai.

OLIVIER.

Oui : j'en conviens , je crains la concurrence,
Je dois trembler , car , sur ma foi ,
Si l'on nous met dans la balance.
Vous devez l'emporter sur moi.

CROQUENTOUT.

C'est bon , c'est bon... rira bien qui rira le dernier,..
Allons , vous autres , qu'on s'apprête à me suivre, et qu'on
donne les ordres nécessaires pour faire commencer la
battue générale.

RABATJOIE répétant et imitant les gestes de Croquentout.

La battue générale !...

CHŒUR.

AIR : *Chasseur diligent.*

Partons à l'instant ,
Le cor se fait entendre ;
Là bas il faut nous rendre ,
Monseigneur nous attend.

OLIVIER , *à part.*

Si j'avoue à ma dame ,
Le trouble de mon âme ;
Ah! ma constante flamme ,
Peut-être lui plaira.
Amour , deviens mon maître ,
Et daigne me permettre ,
De lui faire connaître
L'ardeur que je sens là.
Tra , la , la , la.

CHŒUR.

Tra , la , la , la.

(*Ils sortent tous par la droite. Rabatjoie marche et s'arrête*
selon les mouvemens de Croquentout,)

Arondel.   2

SCÈNE V.

ARONDEL, ALMANZOR.

ARONDEL.

Enfin les v'la partis.... Eh ben ! petit bon homme, com-
mences-tu à reprendre tes forces.... Qu'ens, bois maintenant.... bois donc.... c'est de l'eau... mais n'aye pas peur.....
elle est naturelle.... (*Il le fait boire dans sa gourde.*)

ALMANZOR.

Merci.... Maintenant me voilà remis.

ARONDEL.

Ah ça, nous allons faire route ensemble jusqu'au village..... Je dirai à Nicette de te faire des tartines de
raisiné.... et une petite jaquette toute neuve;.... mais
comme faut traverser toute la forêt.... la route sera peut-
être trop longue pour toi, ...c'est égal, va.... j'ai bon dos...
et j'te mettrai d's'us.... attends, attends, que j'm'apprête...

AIR : *Me voilà.*

En te regardant, j' dois croire
Que tu n'es pas ben lourd ;
Tu m' cont'ras ton histoire,
Et l' ch'min m' paraîtra court.
Ça sera vit' fait, je pense,
J' voudrais m'y voir déjà.

(*Il reprend son bagage, qu'il avait déposé au pied de l'arbre, et
tend le dos à Almanzor, sans le regarder.*)

Tiens, j' suis prêt, avance.

ALMANZOR, *changeant de costume à vue, et paraissant en
génie.*

Me voilà ! me voilà !...

ARONDEL, *de même.*

Oui, je suis prêt .... avance.

ALMANZOR.

Me voilà ! me voilà !...

ARONDEL, l'apercevant, et tombant à genoux,

Oh ! là là , qu'est-c'qu'c' est qu'ça? ...

ALMANZOR.

Ton bon génie... Tu ne me reconnais pas?...

ARONDEL.

Morguène, je crois ben, je ne vous ons jamais vu.

ALMANZOR.

Tu te trompes... je me suis présenté à toi sous des formes différentes... pour servir des projets que je ne peux encore t'expliquer,... toi seul m'as toujours offert tes secours et ta pitié... Aussi je veux te récompenser : dis-moi ce que tu désires et je suis prêt à te l'accorder.

ARONDEL.

Moi... ma foi, j'ne possédons rien, c'est vrai... mais j'ons tout ce qu'il me faut.

ALMANZOR.

Cependant hier... quand tu es rentré dans ta chaumière... tu te désespérais de ne pas avoir tué seulement une pièce de gibier...

ARONDEL.

Ah! ça c'est vrai... mais que voulez-vous... quand la pluie tombe dans le bassinet, l'amorce ne prend pas... alors on est quitte pour manger du pain sec le lendemain... et c'est ce que je fais comme vous avez pu le voir... avec des pommes.

ALMANZOR.

Oui... mais à l'avenir, je veux te préserver de ce malheur. (*Il fait un signe dans les airs avec sa baguette, la musique imite le vol d'un oiseau, et l'on voit arriver un grand aigle portant dans ses serres un arc d'or et plusieurs flèches. Almanzor les prend, et l'aigle repart.*) Tiens, avec cet arc, tu n'auras plus à le redouter.

ARONDEL.

Comment! c'est c'tarc là qui m'empêchera de manger du pain sec.

ALMANZOR.

Fie-toi à ma parole... Ne désires-tu plus rien encore?...

ARONDEL.

Moi... Ah! par exemple, faudrait que je fussions bien ambitieux.

ALMANZOR.

Cependant, dimanche dernier, à la fête... tu pleurais.

ARONDEL.

Ah ! oui... je me rappelle... c'est vrai... mais dam'... je voyais Nicette danser avec un autre garçon du village... et j'avions peur de.... parce que les hommes comme les femmes... c'est si sournois... que je tremblons toujours d'être. enfin... vous savez.

ALMANZOR.

Eh bien... (*Il fait un nouveau signe. Un puits paraît aussitôt, il en sort l'image de la vérité tenant à la main un petit miroir doré. Almanzor le prend et tout (disparaît.)* prends ce miroir : c'est celui de la vérité. Grace à lui tu pourras connaître désormais les sentimens secrets de tous ceux que tu aurais à redouter.

ARONDEL, le prenant.

Oh ! c'est pour le coup que je ne désirons plus rien.

ALMANZOR.

En es tu bien sûr...

ARONDEL.

Pardienne, si j'en sommes... Oh ! attendez donc, cependant... v'là encore une idée... et pendant que vous y êtes, un cadeau de plus ou de moins, ça ne vous coûtera pas grand' chose...

ALMANZOR.

Eh ! bien, voyons... parle sans crante.

ARONDEL.

Je vas vous expliquer ça, mon bon génie, ... là bas, au village, les jeunesses aimont ben la danse, mais les mamans et les papas n'pouvont plus la souffrir... Depuis qu'ils n'pouvont plus danser... et quand ils venont au bal, ce n'est que pour y mettre des obstacles... alors je desirerions que mon violon pussit faire danser tous ceux que je voudrions, les papas, les mamans... et jusqu'aux petits mioches de not' village.

ALMANZOR.

En vérité tu es trop modeste dans tes vœux, pour que je t'en refuse un seul. (*Il touche avec sa baguette le violon d'Arondel.*) Tiens, maintenant ton violon pourra faire danser qui tu voudras, sans que rien puisse t'en empêcher.

ARONDEL.

Oh ! ma foi... c'te fois-ci, j'vois plus d'idées venir.

ALMANZOR.

Adieu donc, mon bon Arondel.

Air : *De Fiorella.*

Adieu, je te laisse,
Mais de mes avis
Souviens-toi sans cesse ;
Montre-toi soumis ,
N'offense personne,
Reste toujours bon ;
Almanzor te donne
Sa protection.
Espérance ,
Confiance ;
Selon tes vœux ,
Tu s'ras heureux.

ENSEMBLE.

Espérance , etc., etc.

(*Il monte sur un char , et disparaît.*)

SCÈNE VI.

ARONDEL seul.

Ah ! mordienne, qu'en bon petit génie ! J'ai pas le sou...
mais qu'est c'que ça me fait , avec des tarlismaus comme
ceux qu'il vient de me donner... me v'là plus heureux et
plus puissant que tous les rois, les empereurs et même que
le gros meûnier du village. (*On entend le bruit du cor.*)
Tiens... v'là le gouverneur qui vient par ici avec toute la
chasse... et... vite , et vite , cachons tout ça... ils me pren-
driont pour un sorcier , et me feriont brûler vif. Mettons
le crin-crin sur mes épaules, mon arc en bandoulière , et
la vérité dans ma poche... de c'te façon j'aurai pas l'air plus
sorcier qu'eux tous.

SCENE VII.

Le Gouverneur, ISOLINE, OLIVIER, CROQUENTOUT, RABATJOIE, Seigneurs, Piqueurs, Paysans et Paysannes.

CHŒUR.

Air : *Ah! quelle nuit pleine d'appas* (De Léonide.)

Viv' la fille du Gouverneur,
Chantons, chantons en son honneur ;
Que notre adresse,
Avant la fin du jour,
De la belle princesse,
Mérite et les vœux et l'amour

ISOLINE, *à part.*

Quelle destinée est la mienne !
Hélas ! aux plus adroit chasseur,
Il faut (*bis*) que ma main appartienne,

(*Regardant Olivier qui baisse les yeux.*)

Quand déjà j'ai donné mon cœur...

(*Elle salue, et le Chœur reprend.*)

Viv' la fille du gouverneur, etc.

LE GOUVERNEUR.

Puissans Seigneurs, piqueurs, vassaux, vassales... vous tous enfin qui m'entourez... écoutez la proclamation que j'ai rédigée ce matin... Croquentout, lisez la proclamation.

(*Il lui remet un papier.*)

CROQUENTOUT.

Rabatjoie, lisez la proclamation.

(*Il lui remet aussi la proclamation.*)

RABATJOIE, prenant le papier et s'inclinant.

J'obéis... Hum ! hum !... Ah ! mon Dieu ! est-ce que j'aurais... Non, non... Voilà mes lunettes... (*Il met sur son nez une paire de petites lunettes.*) Ecoutez tous...

Air : *Tout le long, le long de la rivière.*

» De par le seigneur que voici,
» De par son intendant aussi ;

» Ordonnons qu'à chasser la bête,
» Ici chacun de vous s'apprête. »

CROQUENTOUT.

Surtout qu'on prenne garde à soi,
Et qu'on ne tire pas sur moi.

CHŒUR.

Ah! quel beau jour! pour nous c'est une fête,
Nous ne viserons que sur la grosse bête;
Nous ne viserons que la bête

RABATJOIE.

Même Air.

« Chaque balle aura sa couleur,
» Pour qu'on distingue le vainqueur;
» La main de la belle princesse,
» Sera le prix de son adresse;
» Plus tard même il aura l'honneur,
» De succéder au Gouverneur. »

CHŒUR.

Ah! quel beau jour! pour nous c'est une fête,
Nous ne viserons que sur la grosse bête...
Nous ne viserons que la bête...

LE GOUVERNEUR.

Allons, allons, qu'on donne le signal, et que la chasse commence...

ISOLINE, à part.

Cher Olivier!.. puisse t-il être vainqueur...

(*Les piqueurs donnent du cor. Tout le monde se met en marche. Le Gouverneur et Croquentout prennent la main d'Isoline. Elle passe devant Olivier ; leurs regards se rencontrent, et ils baissent les yeux. Arondel se mêle parmi les paysans.*)

CHŒUR.

AIR : *Les Montagnards sont réunis.* (De la Dame Blanche.)

Courons, (*bis*) que rien ne nous arrête,
Courons, (*bis*) et poursuivons la bête ;
Ici pour obtenir le prix,
Tous les chasseurs sont réunis.

(*Ils sortent.*)

SCÈNE VIII.

OLIVIER, seul.

Ils partent.. ils s'éloignent... je ne les suivrai pas..... Le dragon furieux, effrayé par leur nombre, va sans doute fuir devant eux... Seul alors je veux l'attaquer,... et peut-être délivrer mon pays du fléau qui l'accable... Ah! tout me dit que mon désir ne sera pas trompé, et que je vais mériter la main de ma belle cousine...

OLIVIER.

AIR : *Avec les arts et l'amitié.* (La Vieille.)

Oui , cette flatteuse espérance,
Fait déjà palpiter mon cœur ;
Ici tout me le dit d'avance ,
Je serai proclamé vainqueur.
A mon esprit retraçant son image,
Je sentirai redoubler mon courage ;
Pas de péril qui ne soit affronté ,
Pour les amours et la beauté.

Même Air.

Malgré mes vœux et mon envie,
Si le monstre échappe à mes coups ,
Peut-être je perdrai la vie ,
Mais mon sort me semblera doux.
Jusqu'à la fin je resterai fidèle ,
Et je veux dire en expirant pour elle :
Pas de péril qui ne soit affronté,
Pour les amours et la beauté.

Mais , je ne me trompe pas , le hazard sourit à mes vœux... Le dragon furieux , pour échapper aux coups des assaillans , se dirige de ce côté.. Allons, Olivier, le moment est arrivé... Obtiens Isoline ! ou sache mourir pour elle !...

(*On entend un grand bruit, et bientôt on voit le monstre traversant le fond du théâtre en courant, et en jetant des flammes autour de lui. Olivier se met au-devant de lui sur le chemin, et fait feu. Au même instant, on entend plusieurs coups de fusils et le monstre tombe.*)

SCENE IX.

OLIVIER et tous les Personnages.

TOUS.

Air : De Fernand-Cortès.

C'est moi,   (*ter.*)
Dont on doit couronner l'adresse ;
C'est moi,   (*ter.*)
J'en donne ici ma foi.
Du Gouverneur
Je viens réclamer la promesse.

LE GOUVERNEUR.

Mais pour y faire honneur,
Quel est donc le vainqueur?

TOUS.

C'est moi,   (*ter.*)
Dont on doit, etc.

OLIVIER.

Quel bonheur ! Isoline est à moi !...

CROQUENTOUT.

Eh bien ! mon cher Rabatjoie... que pensez vous de mon
adresse... Mon rêve ne m'avait donc pas trompé?

RABATJOIE.

Comment, votre adresse?... Vous voulez dire la mienne?

TOUS.

Et la mienne ! et la mienne !...

LE GOUVERNEUR.

Hein.... voulez-vous bien vous taire.... et ne pas parler
tous à la fois... Je vous demande quel est l'habile Chasseur
qui a tué l'animal.

TOUS.

Reprise de l'air précédent.

C'est moi, etc.   (*ter.*)

LE GOUVERNEUR.

Ainsi donc... vous prétendez tous...

Arondel.

3

TOUS.

Oui... oui...

LE GOUVERNEUR.

Air : *Une fille est un oiseau.*

Il paraîtrait donc alors,
Et d'après votre assurance,
Qu' la bêt', malgré la distance,
A r'çu trent' ball's dans le corps ;
S'il faut de cette manière,
Décider ici l'affaire,
Je ne sais ce qu'il faut faire ;
Car ma fille, je le crois,
Quoiqu'elle ait un cœur bien tendre,
Franchement ne pourrait prendre,
Trente maris à la fois.   (*bis.*)

CROQUENTOUT.

Le fait est que le cas devient embarassant, et j'ignore comment nous pourrons en sortir.

RABATJOIE, suivant toujours ses mouvemens.

Ma foi, je l'ignore aussi...

LE GOUVERNEUR.

Et moi... je n'en sais pas davantage...

ARONDEL.

Une minute mes bons seigneurs.... une minute..... Il m'vient une idée, à moi...

CROQUENTOUT.

Voyons... que va dire ce butor ?...

ARONDEL,

M'est avis que vous avez dit tantôt que les chasseux avions tous mis dans leurs fusils.. une balle distinctive.

LE GOUVERNEUR.

C'est vrai... Eh bien ?...

ARONDEL.

Et ben, puisque la bête est tombée sur le coup.. qu'on en vienne aux preuves... et la balle qui l'a tuée se retrouvera dans son corps...

LE GOUVERNEUR.

Eh ! mais en effet..... pas trop mal raisonné pour un paysan. (*se retournant vers les piqueurs.*) Qu'on appporte la bête.

OLIVIER, *bas à Arondel.*

Brave homme, comptez sur ma reconnaissance.

ARONDEL.

N'y a pas d'quoi, beau page...

MORCEAU D'ENSEMBLE.

AIR : *Fragment d'un final du Barbier.*

LE GOUVERNEUR.

D'abord, faites silence,
Pour qu'on puisse à l'instant connaître le vainqueur.

OLIVIER, *à part.*

Ah! je sens l'espérance,
Renaître dans mon cœur.

ISOLINE, *à part, regardant Olivier.*

Serait-il le vainqueur?

TOUS.

D'espoir je sens battre mon cœur.

(*On apporte le monstre sur un brancard.*)

LE GOUVERNEUR.

Je veux reconnaître moi-même
Le coup... pour en juger l'effet...
Ciel! que vois-je? surprise extrême!...
Ce qui l'a frappé... c'est un trait!...

(*Il tire une flèche qui se trouve piquée dans le ventre du monstre,
et la montre a tout le monde.*)

ARONDEL, *à part.*

Oh! je le vois, leur surprise est complète,
Mon bon génie, je te devrai mon bonheur.

(*Haut.*)

Tenez, r'gardez; voilà mon arbalète,
Vous voyez ben que je suis le vainqueur.

ENSEMBLE.

TOUS.

La fâcheuse affaire,
D'où vient ce mystère?

ARONDEL.

Oh! la bonne affaire,
J'ris de leur colère.

ARONDEL.

Ah! quel bonheur!
Et surtout quel honneur
Je suis donc le vainqueur,
Et bientôt Gouverneur.
Ah! mon dieu quel bonheur, etc.

Oh! la bonne affaire,
J'ris de leur colère;
J'suis le vainqueur,
Et bientôt le successeur
De notre Gouverneur.

LE GOUVERNEUR.

Ah! quel malheur!
Pour moi quel déshonneur!
Ce drôle aura l'honneur,
D'être mon successeur.
Ah! mon dieu quel, etc.

La fâcheuse affaire,
Je suis en colère;
Il est vainqueur,
Et doit avoir l'honneur,
D'être mon successeur.

ISOLINE.

Ah! quel malheur!
Surtout quelle douleur;
Il n'est pas le vainqueur,
Plus d'espoir pour mon cœur;
Ah! mon dieu quel malheur, etc.

La fâcheuse affaire,
Je suis en colère;
Plus de bonheur,
Plus d'espoir pour mon cœur;
Il n'est pas le vainqueur.

Dieu! quel malheur!
Surtout quel déshonneur;
Je ne suis pas vainqueur,
Il sera gouverneur.
Ah! pour moi quel malheur, etc.
La fâcheuse affaire,
D'où vient ce mystère?
Il est vainqueur,
Et d'viendra l'successeur,
De notre Gouverneur.

*(Pendant la ritournelle, on place Arondel sur un trône
formé avec des branches d'arbres; on le porte en triomphe.*

FIN DU PREMIER ACTE.

Acte Second.

Le Théâtre représente une galerie du palais du Gouverneur. A gauche, sur le deuxième plan, un trône. Tout est préparé pour une fête.

SCÈNE PREMIÈRE.

CROQUENTOUT, RABATJOIE, LE GOUVERNEUR, ISOLINE, OLIVIERS, ARONDEL, vêtu en troubadour; son violon et son arc en sautoir, son miroir suspendu à une écharpe, SEIGNEURS, VARLETS, GARDES, VASSAUX.

CHŒUR.

AIR : *De Jean de Paris.*

Honneur, honneur,
A not' nouveau seigneur ;
Amis, rendons hommage à son adresse,   (*bis*).
Qu'il soit l'époux de la jeune princesse ;
Bientôt ici nous chant'rons leur bonheur.

ARONDEL.

Merci, merci... Messieurs, Mesdames..... Ben sensible à vot' honnêteté. (*à part, s'avançant sur le devant de la scène.*) Tatigué ! que j' devons être gentil comme ça .... Queu dommage que Nicette ne me voie point... mais c'est égal... j' veux qu'all' soit belle itou... Aussi j'y avons déjà commandé un jupon tout d'or et un casaquin tout d'argent... Dieu ! all' aura l'air d'une fée... au moins

LE GOUVERNEUR.

Mon gendre, qu'avez vous donc à parler ainsi tout seul ?...

cela n'est pas convenable... Donnez la main à votre future,
et prenez place....

OLIVIER, à part.

Je vais donc la perdre pour jamais...

ARONDEL.

Comment, papa beau-père, vous voudriez que j'y baillions la main, et que j' montions avec elle sur c' beau
fauteuil à tranche dorée?

LE GOUVERNEUR.

Que j' montions... que j' baillions... Ah! mon gendre,
vous n'y pensez pas... On dit : que j'y montasse et que j'y
baillasse... Faites donc attention à votre langage...

ARONDEL.

Ah! vous voulez que je fasse attention... ça suffit. (*à Isoline.*) Madame, ma femme... voulez vous t'y ben m'par-
mettre que je vous donnassions la main pour... (*Elle lui
donne la main.*) Oye! oye! oye!... j'oserons jamais mettre
les pieds là dessus, moi... (*après avoir fait quelques façons,
il y monte et s'assied.*) Quiens!... oh que c'est doux!.....
(*aux danseurs.*) Maintenant, les autres, vous pouvez
danser... pendant qu' j'vas faire la causette avec la princesse
not' femme, et l'papa beau-père.

(*Tout le monde prend place.*)

BALLET.

ARONDEL.

Ah! ça, en v'là assez..... A présent, allez boire à ma
santé...

CROQUENTOUT, bas au Gouverneur.

Sa Grandeur peut-elle m'accorder un instant d'entretien
particulier?

LE GOUVERNEUR.

Vous voulez me parler seul?... En ce cas, mon gendre,
allez vous promener... avec ma fille... J'ai à terminer une
affaire d'état.

ARONDEL, à part.

Ah! mon Dieu! quel air sournois, et queux gros yeux
qu'ils me font... Faudra pas que j' perdions de vue ces deux
gaillards là... (*haut.*) Allons, madame ma femme, un petit

tour dans le parc... C'est gentil, tout de même, de donner
le bras à une seigneuresse.

(*Il donne le bras à Isoline, prend un air important et salue
gauchement tous les paysans qui reprennent le cœur
précédent.*)

CHŒUR.

Honneur, honneur, etc.

SCÈNE II.

LE GOUVERNEUR, CROQUENTOUT, RABATJOIE.

LE GOUVERNEUR.

Eh bien, nous voilà seuls... Voyons, quelle est la grande
affaire dont vous voulez m'instruire.

CROQUENTOUT, bas à Rabatjoie.

Dis toujours comme moi.

RABATJOIE, bas.

C'est convenu...

CROQUENTOUT, avec mystère.

Le salut, l'avenir de cette île en dépendent.

RABATJOIE, avec mystère.

La destruction! la désorganisation ! la démoralisation de
vos vassaux est inévitable...

LE GOUVERNEUR, effrayé.

Ah! mon Dieu !... Mais d'après ça nous sommes perdus !...

CROQUENTOUT.

Oui, Seigneur.

RABATJOIE, même jeu.

Oui, Seigneur.

CROQUENTOUT, même jeu.

Avez vous pensé au danger qu'il y avait de donner votre
fille à un paysan ?...

RABATJOIE.

A un rustre qui n'a ni tournure... ni usage...

LE GOUVERNEUR.

Eh bien ! oui... je sais tout ça... mais il a tué la bête......
Ah ! il a tué la bête, et je n'sors pas d'là...

SCENE III.

Les Mêmes, ARONDEL.

ARONDEL, à part, en entrant.

Oh ! oh !... V'là les deux sournois avec le Gouverneur... J'gagerions presque qu'ils parlont de moi.

CROQUENTOUT.

Ainsi donc ce paysan, ce misérable va devenir notre maître ..

ARONDEL, à part.

Je m'étions pas trompé... et ils me traitont d'misérable... Oh ! jarniquoi ! ma main, comme tu me démanges !

LE GOUVERNEUR.

Je ne dis pas que si on pouvait trouver quelque moyen raisonnable pour l'expulser...

ARONDEL, à part.

M'expulser !... voyez - vous l'beau-père qui fait aussi l'sournois.

(*Il se glisse derrière une des colonnes du trône, de manière à n'être vu que des spectateurs.*)

CROQUENTOUT, bas au gouverneur.

Vous cherchez un moyen... Eh bien ! j'en connais un... Cet homme grossier a peu d'ambition sans doute... Offrez, lui beaucoup d'or, et il retournera au fond de sa chaumière.

LE GOUVERNEUR.

Au fait, ce que vous me dites là me paraît assez juste.

CROQUENTOUT.

De cette manière, je vous secondrai.... Et pour être parfait, je prendrai exemple sur vous... J'aurai vos vertus, vos qualités physiques et morales, vos grâces touchantes et votre esprit...

LE GOUVERNEUR.

Vous trouvez donc que je ne suis pas une bête?... Au fait, je commence à croire que vous avez raison... et que je suis un...

CROQUENTOUT.

Oui, tu es beau !

ARONDEL.

Oh! le menteur!...

CROQUENTOUT.

Tu es magnanime! et je me prosterne à tes pieds pour te
supplier de te rendre à ma prière... Sois persuadé de mon
dévouement, de ma sincérité...

LE GOUVERNEUR, s'asseyant dans un fauteuil.

Eh bien!... oui... parle... Fais moi des complimens... La
vérité n'offensa jamais les héros.

ARONDEL, à part.

La vérité!... Oh! fatigué la bonne occasion pour essayer
l' talisman du petit Génie...

LE GOUVERNEUR, à Croquentout.

Eh bien! y es-tu?

CROQUENTOUT.

Oui, Seigneur... je vais...

(*Le Gouverneur est placé dans un fauteuil où il se pavane.
Croquentout passe entre lui et Rabatjoie.*)

ARONDEL, à part.

En avant le miroir!...

(*Il le dirige sur Croquentout.*)

CROQUENTOUT, s'inclinant.

Il n'y a qu'un cri sur... Il n'y a qu'un cri sur.... (*à part.*)
Ah! mon Dieu! qu'est-ce que j'éprouve donc moi?

RABATJOIE.

Eh bien! Seigneur... Allez vous en rester là...

CROQUENTOUT.

Il n'y a qu'un cri sur votre compte... Tout le monde....
se moque de vous... et... et...

LE GOUVERNEUR.

L'ai-je bien entendu?

RABATJOIE, bas.

Ah! mon Dieu! que dit-il là... Mais vous radottez... Per-
mettez que je vous souffle...

CROQUENTOUT, à Rabatjoie.

Tais-toi, vil intrigant... Tu n'es qu'un fourbe, qu'un
hypocrite...

Arondel.

4

ARONDEL , à part, toujours derrière le trône.

Bon... ça commence bien... marchez , marchez...

RABATJOIE.

Un hypocrite... miséricorde... c'en est fait de moi...

CROQUENTOUT , au gouverneur.

Oui : tout le monde se moque de vous... et moi tout le premier... En effet, comment ne pas rire d'une tournure aussi grotesque, et d'une figure aussi patibulaire ?

RABATJOIE , à part.

Patibulaire ? Oh ! là là.

LE GOUVERNEUR.

Quelle audace ! ...

ARONDEL , à part.

Bien , bien ! ... allez toujours.

CROQUENTOUT.

De prétentions aussi ridicules , et d'un esprit aussi mince...

LE GOUVERNEUR.

Ah ! je n'ai pas d'esprit !

CROQUENTOUT.

Il faut que vous en ayez bien peu pour ne pas vous être aperçu que depuis quelques temps je travaille à remplir une certaine cassette que j'ai renfermée secrètement dans le piédestal de la troisième colonne de la salle à manger.

RABATJOIE.

La cassette ! ah ! mon dieu, que dit-il là... (*Au Gouverneur.*) Seigneur, ne croyez pas de grace...

CROQUENTOUT.

Quest-ce à dire... Il te sied bien de me donner un démenti, toi qui la connais mieux qu'un autre, cette précieuse cassette , toi sur-tout qui m'as si bien aidé à la remplir.

LE GOUVERNEUR.

Ah ! c'est par trop fort.

AIR : *Fragment d'un Duo de la Fausse Magie.*

Conçoit-on pareille audace !...
Oser m'insulter en face,

CROQUENTOUT.

Ce n'est que la vérité.

RABATJOIE, *a part.*

Ah! je vais perdre ma place,
Car il paraît irrité...

CROQUENTOUT.

Si ta fill' fut ma future,
C' n'était pas pour sa figure,
Que j' semblais la r'chercher, car
J' voulais régner, je le jure,
Et toi te mettre au rancart.

LE GOUVERNEUR.

O ciel! que viens-je d'entendre...
Je devrais te faire pendre!...

CROQUENTOUT.

Oh! je l'ai bien mérité ..

ARONDEL, *a part.*

D'après ça, j' vois qu'en partage,
Mon miroir a l'avantage,
De fair' dir' la vérité.

CROQUENTOUT.

J' dois être pendu!   (*bis.*)
Tu dois croire à mon langage,
C'est celui de la vérité.

RABATJOIE.

Je suis perdu!   (*bis.*)
Lui tenir un tel langage,
Il nous perd en vérité.

LE GOUVERNEUR.

J' suis confondu!   (*bis.*)
Me tenir un tel langage,
Je suffoque en vérité.

ARONDEL.

Il s'ra pendu!   (*bis.*)
Mon miroir a l'avantage,
De fair' dir' la vérité.

(*Le Gouverneur, Croquentout et Robertjoie, sortent en se disputant.*)

SCÈNE IV.

ARONDEL, seul.

(Il sort de sa cachette.)

Ah !... ah !... ah ! ah !... les v'là t'y en bisbille ! Dieu !
que c'est utile un miroir de la vérité... surtout chez les
grands seigneurs.

AIR : *Tenez, moi je suis un bel homme.*

J'ai bon pied, bon œil et d'l'audace,
Allons, j' vas fair' le braconnier ;
Et j' suis sûr de faire un' bonn' chasse...
Car ici l'on n' manqu' pas d' gibier.
Malgré leurs airs et leurs courbettes,
J' commence à m'en apercevoir,
Les grands sont comme les alouettes,
Ils se laissont prendre au miroir.

Ah ! ah ! ah ! ah !... mais à propos d'oiseau... v'là que
j'apercevons là bas un pigeon ramier, avec une colombe,
qu'ont ben l'air de roucouler l'un pour l'autre... Quiens...
c'est madame ma femme avec le petit page... Ils ne se
parlont jamais, et ils se regardont toujours en soupirant...
Fatigué, j'veux savoir à quoi m'en tenir, parce que s'il
m'arrivait queuque anicroche en mariage... j'aimons mieux
qec ce soit avant... qu'après.

SCÈNE V.

ARONDEL, ISOLINE, OLIVIER.

(Isoline et Olivier traversent le fond du Théâtre.)

ARONDEL.

Eh ! dites donc, madame ma femme... où donc que vous
allez comme ça, avec ce petit jeune homme? (*Il la prend
par la main.*)

ISOLINE, avec embarras.

Moi... je ne sais...

ARONDEL.

Ah ! vous ne savez pas... Et vous, beau page?

OLIVIER.

Mon devoir n'est-il pas de suivre la princesse?

ARONDEL.

Ah ! c'est ça... vous faites votre devoir... au fait, j'y pensions plus... mais puisque vous v'là, vous ma femme, parlons un peu de nos affaires... car enfin si j'devons être votre épouseur, faut ben que nous fassions connaissance un jour ou l'autre... voyons... la main sur la conscieuce... suis-je t'y bel homme, et je vous reviens t'y?.. Et vous beau page, n'êtes vous pas plus content que j'aie tué la bête, que si c'était le seigneur Croquentout ?

OLIVIER.

Tous mes vœux sont pour que ma cousine soit heureuse...

ARONDEL.

Ah ! c'est ça... et vot' cœur n'a jamais fait toc' tec' pour elle ?

OLIVIER.

Moi... vous pouvez supposer que j'ose lever les yeux sur celle que je dois respecter !...

ARONDEL.

Quiens !... queququ' fois on respecte et on ose... ça s'est vu .. par ainsi... une fois, deux fois... trois fois... vous ne vous aimez point... (*à part*) Il gardont l' silence... Allons, allons, dans les grandes occasions, faut se montrer... encore une fois en avant le miroir... et vive la vérité. (*Il tourne son miroir vers Olivier.*)

OLIVIER.

Ciel ! quel trouble s'empare de moi?... qu'éprouvai-je ?

ARONDEL, à part,

V'là que ça lui vient comme aux autres.

DUO.

OLIVIER, *à Isoline.*

Air : *Dans une douce ivresse.* (Deuxième acte de Léocadie.)

> Ici daignez entendre,
> L'amant soumis et tendre,
> Qui vous donne sa foi.
> Pour vous l'amour m'enflamme,
> Le secret de mon âme,
> Se trahit malgré moi.

ISOLINE, *effrayée.*

Que dit-il... imprudent...

ARONDEL, *à part.*

Je crois qu'ell' fait la fière.

(*Braquant le miroir de son côté.*)

A ton tour maintenant.

ISOLINE, *comme frappée d'un sentiment nouveau.*

Ciel ! d'où vient ce mystère ?

ARONDEL, *à part.*

Voilà qu' ça marche aussi, je croi.

OLIVIER, *à Isoline.*

Répondez-moi.

ISOLINE, *à Olivier.*

A l'amant le plus tendre,
Que j'avais su comprendre,
Je donne aussi ma foi,
Pour lui l'amour m'enflamme,
Le secret de mon âme,
Se trahit malgré moi.

(*Revenant à elle dès qu'Arondel détourne son miroir.*)

Dieu! qu'ai-je dit!... ô trouble extrême!
Qui produit sur moi cet effet?...

OLIVIER et ISOLINE.

Je vous aime... et vous ?... moi de même.

ARONDEL.

Allez toujours... je suis discret.

ENSEMBLE.

ISOLINE et OLIVIER.	ARONDEL.
Ah ! d'espérance	Ah ! d'espérance
Et de bonheur,	Et de bonheur,
Je sens d'avance	Ils sent'nt d'avance
Battre mon cœur.	Battre leur cœur.

OLIVIER.

Souffrez qu'à vos genoux,
J'exprime l'amour le plus doux.

(*Il tombe à ses pieds.*)

ENSEMBLE.

ISOLINE et OLIVIER.	ARONDEL.
Ah! d'espérance, etc.	Ah ! d'espérance, etc.

SCÈNE VI.

Les Mêmes, LE GOUVERNEUR, CROQUENTOUT et RABATJOIE.

(Pendant la fin du morceau précédent, Croquentout et Rabatjoie amènent le Gouverneur, et lui montrent Olivier aux pieds de sa fille. Olivier et Isoline voyant qu'ils ont été découverts par le Gouverneur, se sauvent, l'un par la galerie, l'autre dans son appartement.)

ARONDEL.

Oh ! là là... v'la les sournois avec le papa beaupère... eh ! vite, filons aussi... (*Il disparaît par le fond.*)

SCÈNE VII.

LE GOUVERNEUR, CROQUENTOUT, RABATJOIE.

CROQUENTOUT.

Et bien ! magnanime Seigneur, êtes vous détrompé maintenant ? et croirez vous enfin, que cet homme exerce sur nous tous une influence surnaturelle.

LE GOUVERNEUR.

Page imprudent !... Fille rebelle !... Oui, mes amis, je crois que nous sommes tous influencés... et d'après les nouveaux éloges que vous venez de me donner, je vous pardonne, et vous rends ma bienveillance...

CROQUENTOUT.

Mais n'en doutez plus, homme généreux ! c'est un sorcier !...

RABATJOIE.

Tout le prouve.

CROQUENTOUT.

La flèche d'or qui a tué la bête ..

RABATJOIE.

Jusqu'alors invulnérable...

CROQUENTOUT.

Les sottises que j'ai adressées à l'homme que je révère le plus.

RABATJOIE.

Que nous révérons le plus.

CROQUENTOUT.

La magie dont il s'est servi pour faire déclarer deux amans.

RABATJOIE.

Qui ne pensaient pas l'un à l'autre.

LE GOUVERNEUR.

Oui, oui, le danger est imminent... mais que faut-il faire? je vous le demande, ô mes dignes conseillers! Faut-il l'expulser de l'île?...

RABATJOIE.

L'expulser!... que dites-vous?... Il faut le faire pendre!...

CROQUENTOUT.

Non, non, empaler.. cela suffit...

LE GOUVERNEUR.

Eh bien! soit... Mais je l'aperçois qui revient par cette galerie... Emparez-vous de lui à l'improviste.

AIR : *Allez-vous-en, gens de la noce.*

En ces lieux vous allez l'attendre,
Mais comme il pourrait nous tromper,
En secret il faut le surprendre,
Afin qu'il ne puisse échapper.
Pour qu'à not' gré tout réussisse,
D'abord tu t'en empareras,
L'arrêteras,
L'enchaîneras,
L'empaleras,
Et puis après tu le jugeras.

ENSEMBLE.

Si ce n'est pas là de la justice,
Nous ne nous y connaissons pas.

(Le Gouverneur entre dans l'appartement d'Isoline. Croquentout et Rabatjoie se cachent pour laisser entrer Aroudel.)

SCÈNE VIII.

CROQUENTOUT, RABATJOIE, cachés, ARONDEL.

ARONDEL, il arrive en riant.

Ah ! mon Dieu ! mon Dieu ! qu'est-ce qui se serait donc attendu à ça ?

AIR : *L'autre jour la p'tite Isabelle.*

Ah ! morguène, que c'est donc drôle,
Tout c' que j' venons d'entendr' là-bas ;...
J' n'aurions pas cru , sur ma parole ,
Qu' les homm's fussiont si faux , si bas...
  Combien j'ons vu de parasites ,
  D'intrigans et de vils flatteurs ,
    D'âm's hypocrites ,
    Bass's et petites ;
    Et d' gros menteurs ;
Que d' faux brav's sous de fausses moustaches.

Ici , c'est un poète de cour qui dit où c' qu'il a volé ses couplets ; là, c'est une demoiselle timide qui tutoye son amant... plus loin , une vieille coquette qui dit à tout l' monde combien elle a d'années et de fausses dents.. ou des petits poupons qui effrayent leurs mamans , et qui étonnent leurs papas par leur sincérité.

  Enfin qu' j'ons vu d' taches ,
    Et d' ganaches ,   (bis.)
  Dans l' miroir de la vérité.

(*Pendant ce couplet Croquentout et Rabatjoie sont arrivés par derrière ; ils le prennent par les deux bras , et lui enlèvent l'arc et le miroir.*)

ARONDEL, se débattant.

Eh ben ! qu'est-c' que c'est ça donc ?...

CROQUENTOUT.

Si tu dis un mot.....

RABATJOIE.

Tu es mort !...

ARONDEL.

Voulez-vous me laisser donc... et me rendre mes deux talismens...

Arondel.   5

CROQUENTOUT.

Ah! tu l'avoues donc, traître!.. C'est par des moyens secrets que tu voulais consommer notre ruine!...

ARONDEL.

Je voulais rien consommer du tout , moi,...

RABATJOIE.

Tes cris ne nous effrayeront point. . Tu n'as plus ton
pouvoir magique... et tu vas payer cher l'outrage que tu
nous as fait.

CROQUENTOUT.

On va t'arrêter.

RABATJOIE.

Te garotter.

CROQUENTOUT.

T'empaler.

ARONDEL.

M'empaler!... Ah! mon pauvre Arondel! t'es un homme
perdu!... Nicette! Nicette!.., je ne te reverrai donc plus...
et c'est à c'te diable de Vérité que j' devrons tout ça..... Eh
bien! il m'a fait là un fier cadeau le petit Génie.

CROQUENTOUT.

Rabatjoie, exécutez mes ordres!

ARONDEL , à part.

Oh! oh! quelle idée... et le troisième coup de baguette
auquel je ne pensions plus... Ah! ils n'aiment pas la danse,...
Eh ben! nous allons voir...

RABATJOIE.

Allons, suis nous, misérable !...

ARONDEL, accordant son violon.

Les suivre... il n'est pas gêné, lui... Rien qu'un petit
instant, et je suis à vous...

(*Il joue sur son violon la ritournelle de l'air suivant. Rabatjoie
s'arrête tout-à-coup, et, saisi par une force irrésistible, se met à
danser malgré lui.*)

RABATJOIE , dansant.

Ah! mon Dieu! ah! mon Dieu!. . qu'est-ce que j'ai
donc ?...

CROQUENTOUT.

Eh bien! quel vertigo vous prend?... danser dans un pa-
reil moment?...

RABATJOIE.

Mais, Seigneur, je ne puis m'en empêcher.

ARONDEL.

Au fait... s'il aime la danse, lui.

CROQUENTOUT.

AIR : *Vaudeville de la Ferme et le Château.*

Il a perdu l'esprit, je pense,
Je vous l'ordonne, finissez.

ARONDEL.

Comme il saute bien en cadence.

CROQUENTOUT.

C'est par trop fort, obéissez.   (*bis.*)

(*Arondel cesse de jouer, et Rabatjoie s'arrête tout-à-coup.*)

CROQUENTOUT.

Vraiment ma surprise est extrême...
Mais de ce pas je vais moi-même...

ARONDEL.

Ah ! il fait le fier aussi... Eh ben ! à son tour...

(*Il joue.*)

CROQUENTOUT , dansant.

Ah ! mon Dieu ! voilà que je fais comme lui !...

ARONDEL , *suite de l'air, il joue.*

Dansez donc, mettez-vous tous en train,
Vive la musique et la danse ;
Dansez donc, mettez vous tous en train,
Au son de mon joyeux crin-crin.

RABATJOIE.

Ouf !... oh ! la, là...

CROQUENTOUT, de même.

Je n'en puis plus !...

SCÈNE IX.

LES MÊMES, LE GOUVERNEUR, GARDES.

ARONDEL.

Oh ! oh ! les v'là tous qui arrivent maintenant.... il ne
manquait plus que çà.

LE GOUVERNEUR.

Même Air.

Pourquoi tant de cris , de tapage?
Vous dansiez , si j'en crois mes yeux ;
C'est encor ce drôle , je gage.

CROQUENTOUT.

Par un talisman merveilleux ,
Il nous faisait sauter tous deux.

(*Arondel joue la ritournelle , aussitôt Croquentout et Rabatjoie
dansent de nouveau.*)

LE GOUVERNEUR.

Ah! c'est encore lui... j'y vais mettre bon ordre...
Gardes, de lui que l'on s'empare!

ARONDEL.

L' papa veut faire aussi l' barbare !

(*Les gardes s'avancent.*)

Alors j'en suis bien fâché; mais le beau-père, les gardes
et compagnie, faut qu' tout le monde y passe.

(*Il joue, et tout le monde danse.*)

LE GOUVERNEUR , sautant.

Eh! bien , eh ! bien... et nous aussi...

ARONDEL , *jouant.*

Dansez donc, etc.

LE GOUVERNEUR.

Assez... assez...

ARONDEL.

Non, non... encore un petit tour... *la promenade...*
Dansez donc, etc.

(*Tout le monde danse en faisant la promenade devant le Public;
on s'arrête dès qu'Arondel cesse de jouer.*)

LE GOUVERNEUR.

Je suis brisé... moulu... rompu... Homme, génie... démon,
sorcier, enchanteur; enfin, qui que tu sois, je te demande
grâce...

TOUS.

Et nous ici...

(*Tout le monde se prosterne aux pieds d'Arondel.*)

ARONDEL.

J'étais ben sûr qu'ils y viendraient.

LE GOUVERNEUR.

Que demandes-tu?... qu'exiges-tu?... je suis prêt à sous-
crire à tout...

ARONDEL.

Ah! c'est donc un traité de paix que vous me proposez...
eh! bien soit, j'acceptons... relevez-vous... et causons tran-
quillement... mais en restant où nous sommes .. et pas de
niches surtout, (*fesant le geste de jouer.*) ou ben tout le
royaume va la danser.

(*Ils se relèvent.*)

LE GOUVERNEUR.

Arrête... Nous t'écoutons... Parle...

ARONDEL.

Primo. D'abord et d'un... je n' serons pas empalé, parce
que j'y tiens.

LE GOUVERNEUR, levant la main.

Je le jure !...

ARONDEL.

Deuxio. Vous allez ordonner qu'on me rende mon arbalète et mon miroir, que ces deux sournois - là m'aviont
volés.

LE GOUVERNEUR, levant toujours la main.

Je le jure !...

(*Rabatjoie et Croquentout s'avancent vers Arondel.*)

ARONDEL.

Approchez... mais de loin. (*ils hésitent à déposer l'arc et
le miroir aux pieds du trône, mais Arondel joue quelques
accords sur son violon; ils dansent aussitôt, et se soumet-
tent.*) Bien... allez-vous en maintenant.

LE GOUVERNEUR.

Que demandes-tu encore?

ARONDEL.

Troisso. J'exigeons que M. Croquentout, le papa Rabatjoie perdiont tout de suite leurs places, et rendiont la cassette qu'ils aviont cachée dans le piédestal.

LE GOUVERNEUR.

Je le jure !...

(*Rabatjoie et Croquentout se regardent tristement.*)

RABATJOIE.

Mais, seigneur.

CROQUENTAUT.

Réfléchissez donc...

ARONDEL.

Ah ! ils raisonnent... Eh ! ben alors qu'ils soient condamnés à dire toujours la vérité... auquel cas il seront pendus... Je leur laissons le choix.

LE GOUVERNEUR.

Ça ne suffit pas.... qu'ils soient sur-le-champ saisis et conduits hors de mes domaines... Gardes, obéissez...

ARONDEL.

Oh ! pour c'te fois-là... mon crin - crin ne les fera pas danser... Adieu, bon voyage, et au plaisir de ne jamais vous revoir.

(On les entraîne, ils veulent faire quelque résistance, Arondel reprend son violon, et les force de s'en aller en dansant.)

SCÈNE X.

LE GOUVERNEUR, ISOLINE, OLIVIER, ARONDEL,
Gardes, Seigneurs, Vassaux et Vassales.

ARONDEL.

Mais j'apercevons la princesse, ma future, avec le petit page... approchez... et maintenant qu'il n'y a plus que des braves gens ici... écoutez tous les dernières conditions de mon traité de paix.

AIR : *L'hymen est un lien charmant.*

J' prétendons qu'ici chaque jour,
Tout l' mond' puisse chanter et rire...
Qu' la vérité puisse aussi s' dire,
Dans tout le pays... même à la cour.
Je veux la main de la princesse...
Vous le savez, c'est le prix du vainqueur.
J'y tiens beaucoup, car je l' confesse,
Quand j' l'obtins... grâce à mon adresse,
J' promis de faire son bonheur.

(L'unissant a Olivier.)

Et j' m'acquittons de ma promesse.

OLIVIER.

Oh ! bon Arondel...

(39)

Comptez sur notre reconnaissance...

ARONDEL.

C'est bon, c'est bon... Ah ! morguenne... maintenant que
me v'là heureux, j' voudrions ben revoir le petit génie pour
le remercier du bien qu'il m'a fait faire...

SCENE XI et Dernière.

Les Mêmes, ALMANZOR, *plusieurs petits Génies.*

*Le Théâtre change et représente la cour d'Almanzor ; il est
entouré de tous ses génies ; il descend de son trone et s'a-
vance.*)

ALMANZOR.

Tu m'as appellé, Arondel... et je reviens à toi.

ARONDEL.

Vous êtes trop honnête, mon bon génie... et je sommes
ben fâché que vous vous soyez dérangé pour si peu de
chose.

LE GOUVERNEUR

Eh ! quoi, grand génie... tu daignes te montrer à mes
yeux... souffre que je tombe à tes genoux...

ALMANZOR.

Relève-toi, et sois fidèle au traité qu'Arondel vient de
t'imposer... le bonheur de ceux que tu gouvernes y est atta-
ché... Vaincu par un génie plus puissant que moi, il m'é-
tait impossible d'empêcher le mal qu'il faisait ; cet homme
seul a pu me faire triompher de mon ennemi... Eh ! bien,
Arondel, as-tu encore des souhaits à former ?

ARONDEL.

Moi... oh ! ma fine, non mon bon génie... si c' n'est pour-
tant d'être tout de suite uni à ma petite Nicette, et de re-
tourner à not' hameau le plus promptement possible.

AIR : *Merveilleuse par ses vertus.*

Je n' veux plus former d'autres vœux...
J'ai toujours été philosophe,
Car moi, je suis fait d'une étoffe
A me contenter de bien peu.
J' vous rends vos flèches bien vîte,
De peur d'accidens fâcheux ;

Avec vous j' crois que j' somm's quitte,
Puisqu' mon pays est heureux.

(*Il les lui rend.*)

Je r'prendrai mon fusil drès demain,
Ma vieille gourde et ma carnacière;
Et désormais quand j' f'rons la guerre,
Ça n' s'ra plus qu'à quelque lapin.
Si ma vue un jour moins claire,
Me rendait mauvais chasseur,
Je n' craindrais pas la misère,
Avec un tel protecteur.

(*Lui rendant le miroir.*)

Vot' miroir de la vérité,
J' vous conseille aussi de le r'prendre,
Y a trop de gens qu'il ferait pendre;
Et puis ça m'ôtrait ma gaîté.
Quant à ma petit' Nicette,
J' veux toujours croire à sa foi;
J' s'rons heureux à l'aveuglette,
Chaqu' mari d'vrait fair' comm' moi.
La confiance est le premier bien,
Pour tout apprendre, on s' tue, on s' mine;
Mais quand on l' sait .. ça vous chagrine,
Et quand on l'ignor'... ça n' fait rien...
D' mon crin-crin j' n'ons pus que faire,
Car si j' devais fair' danser
Tous les méchans sur la terre,
Ça finirait par m' lasser...
Maintenant, j' voudrions à tort,
Qu'il gardât son pouvoir magique;
Il jouait faux... mais sa musique
Mettait au moins tout l' mond' d'accord.

(*Le Génie étend sa baguette sur le violon.*)

Enfin, r'prenez tout c' qui m' reste,
D' la bur' là-bas m' suffira...
Nicette ne m'a vu qu'en veste...
All' m'aim'rait p't' êtr' moins comm' ça...

S'avançant vers le PUBLIC :

J' n'ons plus rien, mais pour vivr' long-temps,
On n'a pas besoin d' tant d' puissance,
Qu' j'obtienn' ce soir votre indulgence,
Et je n' veux pas d'autr's talismans.

FIN.

Imprimerie de CHASSAIGNON, rue Gît-le-Cœur, n°. 7.

9 782329 254524